Für Monica

zum Geburtstag!

Willi und Vali

10. Januar 1995

Manfred Wester

Einübung ins Glück –
in Irland entdeckt

„… die Wirklichkeit ist mehr als die Dinge, sie ist auch das, was zwischen den Dingen und Menschen ist, was darin und dahinter steckt:
die Beziehung zu ihnen!
Die Beziehung zu ihnen macht sie zum Segen oder zum Fluch."

Manfred Wester

Einübung ins Glück – in Irland entdeckt

Anstiftung zum einfachen Leben

Burckhardthaus-Laetare Verlag,
Offenbach/M.

Für Franziska, Nicolai und Judith

2., unveränderte Auflage 1993

Umschlaggestaltung: Peter Weber, Bremen, unter Verwendung eines Fotos von Thomas Waldhof, Dreieich.
Fotos im Inhalt alle Nicolai Wester, die Seiten 11, 33, 47, 73, 85 und 97 Archiv.

Herstellung: Joachim Emrich, Offenbach
Druck und Verarbeitung: RGG-Druck, Braunschweig
Quellennachweis: Die Texte von Heinrich Böll sind entnommen aus:
S. 87 aus Merian Heft »Irland«: Irland und seine Kinder;
S. 94 aus Irisches Tagebuch, Verlag Kiepenheuer & Witsch, Köln

---

CIP-Kurztitelaufnahme der Deutschen Bibliothek

Wester, Manfred:
Einübung ins Glück – in Irland entdeckt:
Anstiftung zum einfachen Leben / Manfred Wester. – 2., unveränd. Aufl. –
Offenbach/M.: Burckhardthaus-Laetare Verl., 1993

ISBN 3-7664-9219-5

Inhalt

Irischen Traditionen auf der Spur

Es waren ein paar Zufälle, die mich auf die Spur irischer Segenswünsche brachten. In einer englischen Flughafenbuchhandlung blätterte ich in einem Bildband – und da stand unter einem Bild: »Sonnenschein leuchte dir und erwärme dein Herz, bis es zu glühen beginnt wie ein großes Torffeuer – und der Fremde tritt näher, um sich daran zu wärmen.« Ich schrieb mir den ganzen Text auf und hatte meinen ersten irischen Segenswunsch. Wenige Monate später schenkte mir jemand zum Abschied eine englische Spruchkarte: »Möge dein Weg dir freundlich entgegenkommen ...« – ein irischer Reisesegen. Und dann kam Weihnachten und in der Weihnachtspost auch ein irischer Spruch: »Nicht das von jedem Leid verschont du mögest bleiben ...«. Es gab da offenbar eine alte Tradition, von der ich bisher nichts kannte.

Ich hoffte auf mehr; denn in diesen drei Texten spürte ich eine neue Klangfarbe meines Glaubens, ahnte darin eine Lebenskunst, eine das Herz erwärmende Liebe zum Leben.

Ich hoffte auf mehr und suchte doch lange vergeblich. Gelegentlich eine Postkarte oder ein in Irland bedrucktes Leinentuch bei Freunden an der Küchenwand – das schien alles zu sein. Selbst eine Reise durch Irland brachte außer den Sprüchen von ein paar Wandtellern in Bauernstuben und einigen Tischgebeten kaum Neues hinzu. Wo ich mit Bauern der Westküste sprach, stieß ich wohl noch auf alltägliche Gewohnheiten, einander zu segnen – oder des Nachbarn Herden und Weiden zum Beispiel. Aber von den Worten, die dazu gehörten, ließen sich nur noch Bruchstücke erfragen – freilich Bruchstücke, von denen einige genau zu den Sprüchen gehörten, die ich inzwischen in ihrem ganzen Wortlaut kannte.

Dann kam ich dahinter, daß der Wortlaut all dessen, was ich da als eine reiche und vom Alltag erfüllte Tradition ahnte und suchte, fast nur noch in der wissenschaftlichen Literatur über Irlands Kulturgeschichte aufbewahrt ist, in gälischer Sprache und in spröden englischen Übersetzun-

gen. Obwohl es doch noch vor einigen Jahrzehnten in den entlegeneren Gegenden der irisch-keltischen Inselwelt lebendige mündlich tradierte Gewohnheit gewesen war! Um die Jahrhundertwende sammelte Alexander Carmichael ihre Reste, indem er die alten Bäuerinnen und Bauern der Hebriden nach ihrem täglichen Leben fragte.
Was er von diesen täglichen Gewohnheiten berichtet, macht mir deutlich, daß diese Gebete viel mehr sind als tradierbare Texte. Das ganze Leben ist ein Gebet – selbst bei dem noch, der vielleicht gar nicht mehr beten kann oder will. Es beginnt nicht erst dort, wo wir Worte machen und es endet nicht dort, wo wir keine Worte mehr finden. So wie das Leben unendlich viel mehr ist als das, was sich in Worte fassen läßt. »Ein irischer Atheist ist einer, der zu Gott hofft, er könne doch noch an ihn glauben« heißt es bei James Joyce.
Deswegen gehören zu den hier gesammelten Texten auch die Bilder der Landschaft und einige Einblicke in die Geschichte seiner Menschen dazu. Alles zusammen macht das einmalige Leben hinter diesen Texten aus. Irland ist das einzige Land Europas, in das der christliche Glaube nicht im Gefolge der Römer kam, das einzige Land, in dem er sich in einer direkten Begegnung mit keltischer Kultur und Religion entfalten konnte, anders entfalten konnte als unter dem zwingenden System römisch-griechischer Weltanschauungen und Philosophie. Irland ist das einzige Land Nordeuropas, in dem dieser Übergang zum Christenglauben friedlich und in gegenseitiger Offenheit geschah: Kein Kampf zwischen Christen und Heiden! Und daraus wuchs eine Frömmigkeit, die sich unter der Decke späterer Zähmung durch die Römische Kirche im Volk und in seinen Lebensgewohnheiten bis in unser Jahrhundert erhalten hat, immer wieder auch als heidnisch verdächtigt (wie es zum Beispiel Bonifatius tat).
Darum stehen in dieser Sammlung von Gebeten und Sprüchen uralte Mönchstexte neben zeitlos gewordenen Alltagsritualen und neben ihnen volkstümlich gestaltete Texte aus jüngerer Zeit – alle zusammen Spuren jenes Lebens, das als Ganzes ein Gebet war und ist.
Diese Gebete sind nicht nur Texte oder Sprüche. Das ganze Leben steht hinter ihnen. So sind sie Ausdruck für ein Leben mit Gott – und Leben ist immer unendlich vielmehr als das, was sich in Worte fassen läßt.

Das ganze Leben ist ein Gebet, bis tief in die Schichten unseres Fühlens, in die Bilder unserer Seele hinein. Die Art, wie ich mit meinen

Augen sehe, mit meinen Ohren höre, das Vertrauen, das ich spüre und meine Angst; die Lebenseinstellung zu der sich meine Erfahrungen zusammenfügen, und der noch tiefer in mir liegende Widerspruch zu solcher gewonnenen Lebenserkenntnis; die Ahnung, daß das Leben anders, ganz anders ist oder sein könnte – all das sind meine Gebete, längst bevor ich bete, und bleiben meine Gebete noch lange, wenn ich meine, ich bete nicht mehr.

Eine Frömmigkeit wie dieses keltische Christentum, das von Anfang an nur mit dem Verstand und höchstens dem halben Herzen von der Römischen Kirche die Vorstellung übernahm, das Himmelreich sei im Jenseits zu suchen und diese Erde sei eine von Grund auf verlorene Welt – eine solche Frömmigkeit konnte in seinen Alltagsgewohnheiten eine Liebe zur Schöpfung und eine Fürsorge für sie bewahren, einen Segen in ihr entdecken, der uns heute wie eine Offenbarung trifft.

Diese Frömmigkeit trifft bei uns heute auf die unruhige Frage, ob wir in unserer Beziehung zur Schöpfung und zur Natur nicht in der Vergangenheit gänzlich verkehrt gelaufen sind und ob das nicht so tief in all unseren Lebensformen sitzt, daß nur ein neues Gebet, das zu unserem ganzen Leben wird, uns und die Erde wird retten können.

Kann man diese Gebete nur mit nostalgischer Sehnsucht nach dem einfachen Leben lesen? Soll man sie lesen und denken: »Das waren glückliche Menschen, aber in die Kompliziertheit unseres Lebens paßt das nicht mehr!«

Wer dem Leben hinter den Texten nachgeht, der entdeckt mehr: Was uns in ihnen als Spur eines glücklichen Lebens begegnet, das war das Ergebnis einer fortwährenden, täglichen Einübung des Glücks. Diese keltischen Christen lehrten sich und ihre Kinder, fast unausgesetzt sich Gott zuzuwenden, seine Gegenwart einzuüben, seine Schöpfung mit seinen Augen zu sehen, die Dinge als seine Gabe zu nehmen, ihm in den Mitmenschen zu begegnen. Die große Übung, uns einfach Gott zuzuwenden, unausgesetzt, in allem. Eine Übung wie das tägliche Staubwischen, um der Schöpfung ihren Glanz zu bewahren und glücklich in ihr zu sein.

I. DAS GANZE LEBEN EIN GEBET

Rune vor dem Beten

Ich beuge meine Knie
im Angesicht des Vaters, der mich erschuf,
im Angesicht des Sohnes, dessen Eigen ich bin,
im Angesicht des Geistes, der in mir aufräumt,
in Freundschaft und Zuneigung.

Schütte über uns Fülle aus,
o Gott, durch deinen Gesalbten,
dort, wo wir im Mangel sind:

Liebe zu Gott,
Zuneigung von Gott,
Gottes Lächeln,
Gottes Weisheit,
Gottes Gütigkeit,
Gottesfurcht
und Gottes Willen,

damit wir ihn auf der Erde des Dreieinigen tun,
wie die Heiligen und die Engel im Himmel –

im Schatten und Licht,
bei Tag und bei Nacht,
beständig und freundlich –
gib uns deinen Geist,
Du.

Die alten Leute auf den Inseln singen dieses oder ein anderes kurzes Lied, bevor sie beten. Manchmal stimmen sie Lied und Gebet als tiefe, schwingende, unendliche Kadenz an, wie das Wogen und Stöhnen, das Rauschen und Seufzen des immertönenden Meeres an ihren eigenen wilden Stränden.
Sie ziehen sich dazu gewöhnlich in eine Kammer zurück, in ein Nebengebäude, den Windschatten eines Hügels oder in ein schützendes Tal, wo sie von keinem Menschen gesehen oder gehört werden können.
Ich habe Männer und Frauen kennengelernt, achtzig, neunzig und hundert Jahre alt, die immer noch ihrer Gewohnheit folgend ein bis zwei Meilen zum Strand gingen, um dort ihre Stimmen in die Stimme der Wellen zu mischen und ihre Loblieder in die endlosen Loblieder des Meeres.

Alexander Carmichael

Morgengebet

Dir will ich danken, Gott,
weil ich mich wieder erhebe –
dir, dem erwachenden Leben selbst.

Möge alles, was lebt,
deine Herrlichkeit und meine Seele
aufleuchten lassen,
du Gott aller Gaben,
dich und mich!

O großer Gott, hilf meiner Seele
mit dem Schutz deiner Barmherzigkeit.
So wie ich meinen Leib in dies Wollkleid hülle,
so hülle mit dem Schatten deiner Flügel
auch meine Seele ein.

Hilf mir, alle Sünden zu meiden
schon dort, wo sie entspringt –
und wie der Frühnebel auf den Hügeln dort schwindet,
schwinde alle böse Umnachtung aus meiner Seele,
o Gott.

Die Frau erzählte mir:

Meine Mutter war immer bei der Arbeit, sie half Vater tagsüber auf dem Feld und abends saß sie beim Spinnen und Weben: Tag und Nacht – Kleidung für die ganze Familie!
Sie pflegte uns geradezu anzuflehen, wir sollten vorsichtig mit allem sein, mit unserer Zeit sorgsam umgehen und Trägheit meiden. Wenn wir beim Anziehen morgens trödelten und uns deswegen mit dem Gebet entschuldigten, das wir dabei sprachen,

dann sagte sie: «Gott sieht das Herz an, nicht die Worte – die Gedanken, nicht das Gehabe!« Und sie sagte uns, wir sollten unsere Seele mit Gnade kleiden, so wie wir unseren Leib in die Kleider hüllten.
Meine Mutter lehrte uns, worum wir im Gebet bitten sollten, so wie sie es von ihrer Mutter gehört hatte und die wieder von ihren Vorfahren. Sie bat uns immer, Gott unser Morgenlied zu singen, so wie Marias Lerche es hoch in den Wolken sang und Christi Singdrossel unten im Gesträuch – dem Gott aller Geschöpfe die Ehre zu geben für die Ruhe der Nacht, das Licht des Tages und das Glück des Lebens. Dann erzählte sie uns, wie jedes Geschöpf hier auf der Erde und im Ozean draußen und in der Luft über uns dem großen Gott aller Kreaturen und Welten, aller Kräfte und allen Segens die Ehre gibt – und wir waren sprachlos vor Staunen.

Alexander Carmichael

Segen fürs Feuermachen

Ich zünde heute morgen mein Feuer an
in Gegenwart der Heiligen Engel des Himmels:
in Gegenwart Ariels mit seiner strahlenden Schönheit,
in Gegenwart Uriels mit seiner unzähligen Funken Glanz.
Ich zünde es an ohne böse Gedanken und Neid,
ohne Eifersucht, ohne Furcht
oder Entsetzen über etwas, das lebt unter der Sonne –
nur mit dem Wunsch, Gottes Heiliger Sohn möge mich schützen.
Ohne böse Gedanken und Neid,
ohne Eifersucht, ohne Furcht
oder Entsetzen über etwas, das lebt unter der Sonne –
nur mit dem Wunsch, Gottes Heiliger Sohn möge mich schützen.

Gott, zünde du innen in meinem Herzen die Flamme an:
Liebe zu meinem Nachbarn,
zu Feinden und Freunden, meinen Verwandten,
zu den Tapferen und den Schurken und Sklaven.

Du Sohn von Maria, der Schönsten:
Liebe vom geringsten Geschöpf
bis zum höchsten Namen vor allen!
Du Sohn von Maria, der Schönsten:
Liebe vom geringsten Geschöpf
bis zum höchsten Namen vor allen!

Das Feueranzünden ist für die Arbeit der Hausfrau von großer Bedeutung. Wenn sie morgens das Feuer »weckt«, betet die Frau leise murmelnd, das Feuer möge ihr und ihren Hausgenossen gesegnet sein und zur Ehre Gottes brennen, der das Feuer erschuf. Die Leute betrachten das Feuer als ein Wunder göttlicher Kraft, ihnen zum Nutzen geschaffen – ihren Körper zu wärmen, wenn sie frieren, ihr Essen zu kochen, wenn sie hungrig sind, und sie daran zu erinnern, daß auch sie, wie das Feuer, ständige Erneuerung für Körper und Seele brauchen.

Alexander Carmichael

Bei Sonnenaufgang

Das Auge des großen Gottes,
das Auge der Herrlichkeit,
Das Auge des Königs aller Mächte,
das Auge des Königs über allem, was lebt –

es strahlt über uns auf
jeden Tag, jedes Jahr.
Es strahlt über uns auf
zärtlich, in Fülle.

Ehre sei dir, glanzvolle Sonne!
Ehre dir, Sonne,
du Auge Gottes über allem, was lebt.

Alte Männer auf den Inseln ziehen noch heute ihre Mütze vom Kopf, wenn sie morgens die Sonne heraufkommen sehen, und summen ein Lied, das aber nur schwer aufzufangen und von ihnen zu erfragen ist. Dieses Fragment stammt von einem 99-jährigen Mann am Südende von South Uist und von einem anderen in Mingulay, einer der Äußeren Inseln von Barra.

Alexander Carmichael

Jeden Tag

Laß mich jeden Tag meine Worte an deiner Rechtlichkeit messen,
jeden Tag laß mich deine Mäßigung zeigen, o Gott.

Laß mich jeden Tag meine Worte an deiner Weisheit messen,
jeden Tag, jede Nacht laß mich im Frieden leben mit dir.

Jeden Tag laß mich den Ursprung deiner Gnade ergründen,
laß mich jeden Tag achtgeben auf dein schützendes Recht.

Jeden Tag laß mich dir ein Lied dichten,
laß mich jeden Tag zu deinem Lob spielen, o Gott.

Laß mich jeden Tag dir meine Zuneigung schenken, o Jesus,
und jede Nacht laß mich das gleiche tun.

Jeden Tag, jede Nacht, im Dunkel und Licht,
laß mich preisen, wie gut du mir bist, o mein Gott.

Gebet in der Küche

Bei Mrs. Doherty in einem kleinen Bauernhaus
an der Küste der Burren
fand ich in der Küche dieses Gebet:

Ich lieb' meine kleine Küche, Herr,
und jeden Winkel und Topf.
Drum segne mich und all mein Tun
wenn ich Schüsseln wasche und koch.

Die Mahlzeit hier auf meinem Herd
würze von oben her
mit Segen und mit Freundlichkeit
und vor allem mit Liebe von dir.

Die Nahrung, die die Erde gibt,
der Tisch, den du uns deckst –
wir denken dran und danken dir
für unser täglich Brot.

Hier, meine kleine Küche, Herr,
und alle, die treten ein –
sie mögen immer ein frohes Herz
und Frieden drin finden und Glück.

Tischgebet

Danke, Gott, für die schöne Welt,
für dies Essen, auf unsern Tisch gestellt;
Danke für die Vögel und ihren Gesang,
Danke für alles – ein Leben lang.

Dank für Gesundheit

Es war für Jesus so leicht,
einen verdorrten Baum zu erneuen,
so leicht, wie er den grünen verdorren ließ,
gerade so, wie er wollte.
O Jesus! Jesus! Jesus!
Jesus, es ist recht, Ihn zu loben.

Da ist keine Pflanze, die wächst,
die nicht reich wäre an Seinen Kräften,
es gibt am Strand keine Dinge,
die nicht voll Segen wären von Ihm.
O Jesus! Jesus! Jesus!
Jesus, es ist recht, Ihn zu loben.

Da ist kein Leben im Meer,
kein Geschöpf ist da in den Flüssen,
da ist auch nichts unter dem Himmel,
das nicht Seine Güte verspricht.
O Jesus! Jesus! Jesus!
Jesus, es ist recht, Ihn zu loben.

Da ist kein Vogel im Flug,
kein Stern ist oben am Himmel,
nichts gibt es unter der Sonne,
das nicht Seine Güte verspricht.
O Jesus! Jesus! Jesus!
Jesus, es ist recht, Ihn zu loben.

Die mir dieses Gedicht sagte, erzählte mir, eine Frau in Harris habe es gemacht. Sie war an Lepra erkrankt, aus der Gemeinschaft ausgeschlossen worden und hatte allein an der Küste gelebt, wo sie sich von den Pflanzen der Wiesen ernährte und vom Schellfisch am Strand. Man sagt, alle ihre Geschwüre seien davon heil und sie wieder gesund geworden.

Alexander Carmichael

Reisesegen

Gott segne mir die Erde, auf der ich jetzt stehe.
Gott segne mir den Weg, auf den ich jetzt gehe.
Gott segne mir das Ziel, für das ich jetzt lebe.

Du Immerdar und Immerdar,
segne mich auch, wenn ich raste.

Segne mir das, was mein Wille sucht,
segne mir das, was meine Liebe braucht,
segne mir das, worauf meine Hoffnung ruht.

Du König der Könige
segne mir meinen Blick.

Dugall MacAulay, ein Kätner aus Hacliet/Benbecula, sagte mir, er spräche dieses kleine Gebet immer, flüstere es jedesmal, wenn er auf einen Weg geht – wie kurz er auch sein mag und wie gering der Anlaß auch ist.
Er lernte es von seiner Mutter und deren Schwester, die mit seiner Mutter zusammenlebte.

Alexander Carmichael

Segen für die Jagd

Aus meinen Lenden gezeugt bist du, mein Sohn,
laß mich dich also auch den Weg, den richtigen, führen:
im Namen der heiligen Apostel, der elf,
im Namen des Gottessohnes, auch verletzt von dir;

im Namen von Jakobus, Peter und Paul,
Johannes dem Täufer, dem Apostel Johannes auch,
Lukas, dem Arzt, und Stephanus, dem Märtyrer,
der schönen Muriel und Maria, der Mutter des Lamms.

Zu der Zeit, wo man seine Augen schließt,
sollst du nicht aufbrechen und das Knie zur Jagd beugen,
sollst die Ente, solange sie schwimmt, nicht verwunden
und nie jagen, wenn die Jungen noch um sie sind.

Dem weißen Schwan mit seinem zarten Hals,
dem gesprenkelten Falken in seinem braunen Gefieder –
nicht eine Feder auf ihrem Rücken sollst du verletzen
bis zum Jüngsten Tag, solange die Welle sie trägt.

Erst im Flug sollen sie sein,
wenn du den Pfeil hebst zu deinem Auge –
und Maria, die Schöne, schenkt ihre Liebe dir
und die liebliche Brigit gibt dir von ihren Kuhherden.

Keinen verendeten Fisch oder verendetes Fleisch sollst du essen
und keinen Vogel, wenn ihn nicht deine eigene Hand
aus den Lüften herunter holt.
Nimm dann den einen mit Dank,
auch wenn neun vor deinen Augen dort schwimmen.

Der schöne Schwan von Brigit,
der Beschützerin der Herden.
Die schöne Ente Marias,
die den Frieden beschützt.

Ein junger Mann wurde, bevor er zur Jagd auszog, eingesegnet. Öl wurde auf sein Haupt gegossen, den Bogen gab man ihm in die Hand und forderte ihn auf, mit bloßen Füßen auf graslosen Boden zu treten. Diese Weihe war der eines Richters oder Häuptlings oder des Königs verwandt, wenn man sie in ihr Amt einsetzte.
Viele Bedingungen legte man dem jungen Mann auf und forderte ihn auf, sie sein Leben lang zu beachten, um nie mutwillig Leben zu töten.

Alexander Carmichad

Gebet auf See

Ehre sei dir, o du Gott des Lebens,
für den Mond, die Leuchte des Ozeans,
wie er mich führt.

Deine Hand lenke mein Ruder
und deine Liebe bewege die Wellen mir.
Ich liebe sie, die Leuchte des Mondes,
der Gott des Lebens zündet sie für mich an.

Gib mir einen guten Willen
für jedes Geschöpf, das du schufst.

Mein Gebet heilige alles, was dir heilig ist, Gott.
Mein Herz sorge sich um alles, so wie du, Gott, alles liebst.

Mein Leben an Land heilige alles, was dir heilig ist, Gott.
Mein Wille auf See lenke alles, wie du es lenkst.

Meine Hoffnung auf den Höhen des Lebens
wünsche sich, was du wünschst.
Meinem Willen in den Tiefen des Leides
genüge, was dir genügt.

Vor dem Einschlafen

Ich geh' nun hinüber in meinen Schlaf.
Laß mich gesund wieder daraus erwachen.
Und wenn es der Schlaf des Todes wird,
laß mich in deinen eigenen Armen,
o Gott der Gnaden, im Frieden aufwachen.
Laß mich in deinen eigenen Armen,
o Gott der Gnaden, im Frieden aufwachen.

Meine Seele zu deiner rechten Hand
laß sein, du König aller Himmel und Himmel.
Du hast dein Leben für mich gegeben,
gib mir diese Nacht auch ein behütetes Leben,
laß kein Leid und Not mir begegnen.

Während mein Leib im Schlafe wohnt,
gleitet meine Seele in den Schatten des Himmels.
Michaels rot weißer Mantel möge ihr dort begegnen,
früh und spät, Tag und Nacht,
früh und spät, Tag und Nacht.

Unter den Sternen

Sieh den, der die Sterne entflammt
über den Kämmen der Wolkenberge.
Sieh diese Chöre des Himmels an,
wie sie ihn loben.

Kommen herab mit Jubelgesang
von dem Vater dort oben.
Harfe und Lyra zu ihrem Gesang
für ihn erklingen.

Zuflucht meiner Liebe, du, o mein Christ,
soll ich deinen Ruhm nicht erheben?
Engel und Heilige lassen ihr Lied
dir klangvoll singen.

Du, der gnadenreichen Maria Sohn,
der Maria aller Reinheit und Schönheit,
voller Freude werkte ich heute im Feld
deiner Reichtümer.

Der, den ich liebe, du, o mein Christ,
o Christus vom Heiligen Blute,
bei Tag und bei Nacht
preise ich dich.

II. KELTISCHES CHRISTENTUM –

eine faszinierende Frömmigkeit

Nostalgische Sehnsucht?

Friede zwischen den Nachbarn.
Friede zwischen Verwandten,
Friede zwischen den Liebenden,
wie der König des Lebens liebt.

Friede zwischen Mensch und Mensch.
Friede zwischen Frau und Mann,
Friede zwischen Mutter und Kindern,
der Friede Christi, größer als all' unser Friede.

Diese Gebete aus dem Alltag kleiner Bauern und Fischer berühren eine Sehnsucht in mir nach einem Leben, das überschaubar ist, in dem die Dinge, mit denen wir umgehen, eine Seele bekommen, in dem sie durchsichtig werden für die Kräfte, die uns tragen und die unserem Leben seinen Glanz geben können.
Wecken diese Gebete also eine Sehnsucht nach dem einfachen Leben? Nach einem Leben, in dem die täglichen Gewohnheiten wirklich eine Wohnung sind und nicht nur flüchtige Durchgangsstationen, durch die wir gedankenlos hetzen auf der Suche – wonach? Gewohnheiten als eine Wohnung, in der alles mir sagt: »Dies ist für dich da! Darin kann das Leben gelingen. Das kommt von weit her und trägt dich weit hin in die Zukunft – dich und deine Kinder. Darauf ist Verlaß.«
Sind diese Gebete Ausdruck von Schönheit und Frieden einer ländlichen Idylle? Ich weiß: so wird das Leben nie sein. Aber so ist es auch nie gewesen. Diese alten Gebete wuchsen nicht auf dem Boden einer ländlichen Idylle. Sie säten sich immer wieder aus von Generation zu Generation. Auf den irischen Inseln und den Hebriden gab es nie eine solche idyllische Zeit. Da gab es rauhes Klima, ärmliches Land. Fremdherrschaft gab es da durch Wikinger und Normannen, Fremdherrschaft der Engländer und Vertreibung vom armen Land auf immer kargere

Böden, immer weiter in die trostlosen Weiten der Inseln hinein. Und auch Hungersnöte gab es und Auswanderungen von Söhnen und Töchtern, die die heimatliche Erde nicht mehr ernährte, zwangsweise Einführung des protestantischen Christentums, zwangsweise Zeit der Aufklärung und der Vernichtung aller uralten Traditionen.
Zeiten ländlicher Idylle waren das nie. Resignation, Bitterkeit und ein unergründlich trauriger Humor wuchsen genauso unter solchen Lebensbedingungen wie die unergründliche Frömmigkeit dieser Gebete. Man kann darum nur über sie staunen und eine Kraft in ihnen vermuten, die größer war als das Leid und voller Liebe selbst noch zu diesem Leben.
Seit die Inselkelten im 5. Jahrhundert den Christenglauben zu leben begannen, wuchsen solche Gebete aus diesem dürftigen Boden auf, voller Freude an der Schönheit der Erde, frei von der Jagd nach dem Habenwollen und empfänglich für das einfache Geschenk des Seins. Gebete von Menschen, die ihre Seele nur mit so viel Dingen umgeben, wie sie verkraften können, um ihnen eine Seele zu geben.
Das ist erprobtes Leben und meine Sehnsucht danach ist keine nostalgische Träumerei von einer ländlichen Idylle. Sie ist die Ahnung von einer Lebensmöglichkeit, die zu allen Zeiten besteht und die für uns heute eine letzte Chance sein könnte.

In Gott wohnen

Warum nach Rom?
Groß die Mühe, klein der Lohn.
Du findest den König dort nicht,
den du suchst, es sei denn,
er kommt mit dir hin.

Ein hartnäckiges Mißverständnis unseres christlichen Glaubens ist in seiner zweitausendjährigen Geschichte leider immer wieder seine Neigung zur Weltverachtung und zur Weltflucht gewesen, obwohl sein Grundton doch eigentlich sein soll, daß Gott diese Welt liebt.
Der Grund für dieses Mißverständnis liegt vor allem darin, daß dieser Glaube sich zuerst auf dem Boden der heidnisch-hellenistischen Kultur des Römischen Weltreiches entfaltete, und diese Kultur war von solcher Weltverachtung bis tief ins alltägliche Denken hinein geprägt. Was Altes und Neues Testament als böse Erfahrungen mit dieser Welt aussprechen und doch mit der Verheißung einer' Erneuerung dieser Welt verbinden, das übersetzt römisch-hellenistisches Denken in die Vorstellung von einem verderbten Diesseits und einem besseren Jenseits, von einem sterblichen, versuchlichen Leib und einer reinen, unsterblichen Seele. Darum also die Vorstellung von Weltflucht, um die Seele zu retten – und von einem Christus, der sie von der Welt und dem Leib erlöst.
Überall fand das sich ausbreitende Christentum dieses heidnisch-hellenistisch geprägte Weltbild schon vor und konnte sich ihm nicht mehr entziehen. Nur die keltischen Inseln westlich von England waren davon unberührt. Hier begegneten die einwandernden Christen einer anderen Einstellung zur gegenwärtigen Welt und ihrer Schönheit. Hier konnten sich die biblischen Elemente des christlichen Glaubens anders entfalten. Gott wurde in allem gesehen – im Menschen, in der Blume und im Feld, in Freude und Schmerz. Das Bewußtsein der Kelten von

Gottes Gegenwart und Macht war so stark, weil sie Gott in allem sahen, ihm durch alles dienten, sich ihm in allem, was sie taten, zuwandten mit der Bitte um Hilfe und Begleitung.
Diese Frömmigkeit ist schon sehr bald von der Römischen Kirche mit Argwohn betrachtet und später als Ketzerei verfolgt worden. Sie hat sich in der Volksfrömmigkeit und ihren Gebeten erhalten. Heute beginnen wir zu ahnen, wie die Einflüsse hellenistischer Weltverachtung schon seit dem Urchristentum dazu geführt haben, daß wir diese Erde kaum noch als Gottes Schöpfung ansehen und sie so der Ausbeutung und Zerstörung preisgeben konnten.
Heute beginnen wir zu ahnen, daß die keltischen Christen mit ihrem Bewußtsein von der Gegenwart Gottes in Allem keine Ketzer waren, sondern uns einen Lebensstil lehren können, der uns wieder zu Bewahrern von Gottes herrlicher Schöpfung macht.

Das ganze Leben ein Gottesdienst

Segne, o Christus, mein Angesicht,
laß mein Angesicht alles segnen.
Segne, o Christus, mein Auge,
laß mein Auge segnen, was immer es sieht.

Als das Christentum im 5. Jahrhundert zu den Iren kam, kam es sozusagen in einen neuen und fremden Kulturkreis. In Palästina, wo es entstand, in Griechenland und Rom, in den römischen Provinzen Frankreichs und Spaniens, auch in England, überall hatte die römische Kultur sich vorher ausgebreitet und mit ihrer Zivilisation, ihren Straßen und Stadtgründungen, ihrer Verwaltung alles menschliche Leben gründlich verändert.

Bei der Kultur der Iren war das anders. Hier traf der christliche Glaube auf eine ungestörte Stammeskultur, in vielem dem Lebensverständnis Israels aus der Frühzeit des Alten Testaments sehr verwandt. In einer Landschaft ohne feste Städte und breite Straßen lebten die Menschen hier in ihren angestammten Gebieten, im Zyklus des Jahres und in der Natur viel fester verwurzelt als in den Organisationsformen eines Staatswesens. Ihre Könige waren Bauern wie alle anderen auch.

Die gewohnten Lebensformen der christlichen Kirche des römischen Kontinents ließen sich auf diese völlig ungewohnten Verhältnisse kaum übertragen. Wo es keine Hauptstädte und Provinzstädte gab, konnte sich zum Beispiel schlecht eine kirchliche Hierarchie mit Erzbischöfen, Bischöfen und Pfarreien entwickeln. Auch wo man sie später dennoch zu errichten versuchte, setzte sie sich nur schwer durch: in Anlehnung an die Stammeskultur hatten sich inzwischen andere Formen christlicher Gemeinschaft entwickelt, den Anfängen der palästinensischen und paulinischen Urgemeinden ohne Ämterkirche in vielem verwandter als der Kirche von Rom mit ihrer Lehr- und Amtsautorität.

Zentren dieser christlichen Lebensformen waren in Irland nicht Kathedralen, sondern die Zellen von Mönchen (später auch Klöster), über das unwegsame Land verstreut an Flußufern, auf Inseln oder auf Bergen. Ähnlich den Druiden, den keltischen Weisen, waren diese Einsiedler und Mönche zu Trägern des lebenswichtigen Wissens geworden. Zu ihnen ging man und im übrigen lebte man im Stamm und hütete seine Herde, bestellte die Äcker und ging fischen und auf die Jagd. Nicht in der Lage, auf leichten Wegen in die Kirche zu kommen, brachten die Kelten ihre Kirche in ihr alltägliches Leben hinein. Aus dieser Lebensweise entstand eine Alltagsfrömmigkeit, getragen von den Erfahrungen selbständiger Laienchristen.

Dieser besondere Akzent hat sich auch in der späteren römisch-katholischen Zeit und durch die Jahrhunderte hin in der irischen Frömmigkeit erhalten: das ganze Leben ist ein Gottesdienst und das Beten so in ihr Leben verflochten, daß es beinahe unmöglich ist, Arbeit und Gottesdienst voneinander zu trennen.

»Wenn morgens die Sonne aufging, zogen die Leute ihre Mütze vom Kopf und beteten. Wenn die Frauen ihr Feuer anzündeten, beteten sie, und wenn sich die Kinder morgens anzogen, beteten sie. Es gab Gebete für den Beginn der Arbeit und den Beginn einer Reise, für das Viehhüten und das Weben, für Pflanzen, Ernten, Ausruhen, Schlafen und Sterben.« So lesen wir es in einer Untersuchung über die keltischen Gebete (Avery Brooke, Celtic prayers, Seite 8).

Auf der Suche nach dem Paradies dieser Erde

Der kleine Vogel
pfeift sein Willkommen
mit einem Schnabel
strahlend gelb.

Kristallklarer Ruf
über den lieblichen Laigsee.

Schwarze Amsel
im gelbleuchtenden Strauch.

Aus den frühen Zeiten keltisch-irischen Christentums stammen Gedichte und Lieder, die eine so feine Empfindung für die Schönheit und Gewalt der Natur verraten, wie sie in der ganzen europäischen Literatur dieser Zeit einmalig ist. Das gilt für die geistliche Dichtung ebenso wie für die »weltliche«.

Mit einer fast photographischen Genauigkeit sammeln ihre Verfasser die Eindrücke und setzen sie zu Bildern zusammen, in denen der Mensch oft gar nicht vorkommt, in denen er sich ganz ins Schauen und Staunen verliert.

Man kann es kaum glauben, daß viele dieser Gedichte in Mönchszellen und Einsiedlerhütten entstanden sind, dort also, wo Menschen in strengster Askese lebten – an Orten, die wir nach den Traditionen unseres kontinentalen Christentums mit dem Bemühen um Weltflucht verbinden.

Auf dem Boden des Keltentums wandelte sich das Gesicht dieser christlichen Askese offenbar. Auf ihren Eremiteninseln vor der Westküste und in den einsamen Tälern des Landes, wo sie ihre Einsiedeleien gegründet hatten, müssen diese Mönche in ihrer Entsagung gerade die Schönheit der Erde gespürt haben, neben aller Buße für ein verkehrtes,

verfehltes Leben, aus dem sie geflohen waren und das sie doch täglich auch in der Einsamkeit in sich spürten und bekämpften.
Trotzdem die Schönheit der Erde und das Staunen über den Menschen, der das alles sehen, wahrnehmen und Gott dafür danken kann. Der gleiche Mensch – ein herrliches und bedrohliches Geschöpf!
Wie im Alten Testament lag das Paradies für sie nicht in einer anderen Welt, der Himmel nicht nur im Jenseits. Sie entdeckten Spuren davon überall um sich her – und es gab Eremiten, die mit ihren Booten aufbrachen, um das Paradies im Westen zu suchen: auf einer Insel mußte es sein – nicht unsere Welt und doch auf dieser Erde.

Vollkommene Zeit

Maitage – Wonnezeiten,
vollkommene Zeit im Jahr!
Das Lied der Amsel ist ihr Gedicht
beim zarten Morgenstrahl.

Unendlich ruft der Kuckuck
die köstliche Sommerzeit.
Zuende die beißenden Winde
im dichtverzweigten Wald.

Der Sommer schmälert die Bäche,
schnelle Pferde trinken daraus.
Heide, langhaariges Pelzwerk,
in dem zart das Wollgras blüht.

Der Hagedorn treibt seine Blüten.
Friedlicher Wellenschlag
scheint das Wasser in Schlaf zu wiegen.
Blüten bedecken die Welt.

Bienen mit winzigen Kräften
schleppen Blütenernten am Fuß.
Viehherden überziehen die Berge
mit üppigem Überfluß.

Musik summt in den Bäumen,
vollkommener Friede ihr Lied.
Aller Staub aus den Menschenhütten
schwimmt fort auf des Putzwassers Flut.

Heuschrecken zirpen in Chören.
Der hell singende Wasserfall
begrüßt uns beim linden Bade.
Ihm antwortet das Binsenkraut.

Schwalben durchjagen den Himmel,
um den Hügel schwebt Zaubermusik.
Prall wachsen im Wald die Früchte,
der Sumpf dehnt sich schweigend und horcht.

Moor, schwarz wie das Kleid der Raben.
Dreist gellt des Kuckucks Schrei.
Im Wasser springt die Forelle,
der Krieger spannt Muskel und Arm.

Dem Menschen wachsen die Kräfte,
er spürt all sein Leben neu.
Jedes Gehölz weiß sich zu schmücken.
Über die Wiesen weidet der Blick.

Eine Wonne, diese Tage des Jahres!
Der Zorn des Winters ist hin.
Leuchtende Wälder, saftige Wiesen.
Sommerfriede im Sinn.

Ein Vogelschwarm senkt sich nieder,
wo eine Frau den Boden pflügt.
In einer grünen Wiese
murmelt ein blitzender Bach.

Übermut wilder Pferde
schüttelt die Männer im Ritt.
An den blühenden Teichen
färbt sich die Iris in Gold.

Vor Scheu wagt man nicht, zu sprechen.
Doch der Kecke singt wohlgemut.
Er hat recht, man muß ihn ausrufen,
diesen Maitag, die Wonnezeit.

III. VOM SEGEN LEBEN

Nicht Worte, sondern Leben

Segen –
in einer Kirche des »Wortes«
scheint er senkrecht vom Himmel zu kommen,
direkt in unsere Gedanken und in unser Herz,
als Segens-Wort.

Menschen, die mit ihrem ganzen Leben glauben,
mit Leib und Seele und mit Haut und Haar,
spüren ihn vielmehr auf
in allen Dingen, zwischen ihnen
und dann auch über alles hinaus:

Er ist im Frieden über dem weiten Land
und im sanft schmeichelnden Wind
und ist doch der Friede,
mit dem auch Christus uns segnet,
uns wärmt und löst für die Zuneigung zu ihm.

Der Fremde an meinem Tisch
und die Lerche über dem Dach,
alles, was mein Auge sieht,
und die Art, wie meine Augen es sehen –
ich bin von Segen umgeben,
ob ich es weiß oder nicht.

Und ich bitte Gott, daß ich es spüre,
wenn ich sage: Gott, segne mich!

Friedenswunsch

Den tiefen Frieden im Rauschen der Wellen,
den wünsche ich dir.

Den tiefen Frieden im schmeichelnden Wind,
den wünsche ich dir.

Den tiefen Frieden über dem stillen Land,
den wünsche ich dir.

Den tiefen Frieden unter den leuchtenden Sternen,
den wünsche ich dir.

Den tiefen Frieden vom Sohne des Friedens,
den wünsche ich dir.

Die Wirklichkeit ist mehr als die Dinge

Segen hat offenbar etwas mit den Dingen um uns herum zu tun und kommt doch erst zu diesen Dingen dazu.
Segen, das ist die Fruchtbarkeit der Felder und Menschen – aber es ist noch viel mehr.
Sterbend haben unsere Vorfahren nicht nur ihr Erbe verteilt, sondern dazu ihren Segen weitergegeben.
Sie haben ihre Äcker bestellt, ihre Herden gehütet, sie haben all ihre Arbeiten mit den Dingen getan und haben Gott dazu noch um seinen Segen gebeten.

Ohne den Segen sind die Dinge nur Sachen, Material.
Aber die Wirklichkeit ist mehr als die Dinge, sie ist auch das, was zwischen den Dingen und Menschen ist, was darin und dahinter steckt: die Beziehung zu ihnen! Die Beziehung zu ihnen macht sie zum Segen oder zum Fluch.

Nicht die Dinge vermitteln den Segen, sondern die Art, wie sie empfangen und weitergegeben werden. Der Geber ist die eigentliche Gabe in allen Gaben.
Das Schenken und Empfangen des Geschenkes entscheidet erst über seinen Wert: der Wunsch, zu beschenken, und der Reichtum dankbarer Freude.

Wer segnet, der gibt diese Erfahrungen weiter, die Fruchtbarkeit eines erfüllten, auch eines schweren Lebens: das, was der Sterbende weitergibt an seine Nachkommen, das materielle Erbe ebenso wie die eigene Erfahrung und Würde. Segen gibt das Leben weiter über den Abschied hinaus.

Die Wirklichkeit ist mehr als die Dinge, Sie ist auch das, was zwischen den Dingen und Menschen ist.
Dort, zwischen den Dingen und Menschen, zwischen den Menschen und Menschen, dort ist auch der Platz, den Gott für seine Gegenwart wählt.
Der Schöpfer ist mehr als der Macher.
Er bleibt zwischen mir und dem, was er geschaffen hat.
Das ist ein Segen.

Sonne, Regen und Erde

Segen sei mit dir, der Segen strahlenden Lichtes,
Licht um dich her und innen in deinem Herzen.
Sonnenschein leuchte dir und erwärme dein Herz,
bis es zu glühen beginnt wie ein großes Torffeuer –
und der Fremde tritt näher,
um sich daran zu wärmen.

Aus deinen Augen strahle gesegnetes Licht,
wie zwei Kerzen in den Fenstern eines Hauses,
die den Wanderer locken,
Schutz zu suchen dort drinnen
vor der stürmischen Nacht.

Wen du auch triffst,
wenn du über die Straße gehst –
ein freundlicher Blick von dir
möge ihn treffen.

Und der gesegnete Regen,
der köstliche, sanfte Regen
ströme auf dich herab.
Die kleinen Blumen mögen zu blühen beginnen
und ihren köstlichen Duft ausbreiten,
wo immer du gehst.

Der Segen der Erde,
der guten, der reichen Erde
sei für dich da.
Weich sei die Erde dir, wenn du auf ihr ruhst,
müde am Ende des Tages,
und leicht ruhe die Erde auf dir
am Ende des Lebens,
daß du sie schnell abschütteln kannst –
und auf und davon
auf deinem Wege zu Gott.

Bitte

Daß ich Gott immer im Kopf habe,
in allem, wie ich's verstehe:
Er wohne in meinen Augen
und in der Art, wie ich sehe.
Gott sei mir immer im Munde
und in dem, was ich sage.
Gott sei mir im Herzen,
wonach immer es frage.
Gott stehe für mich am Ende,
wenn ich mich von euch wende.

Friede zwischen den Menschen

Friede zwischen den Nachbarn.
Friede zwischen Verwandten,
Friede zwischen den Liebenden,
wie der König des Lebens liebt.

Friede zwischen Mensch und Mensch.
Friede zwischen Frau und Mann,
Friede zwischen Mutter und Kindern,
der Friede Christi, größer als all unser Friede.

Gebet um Gottes Segen

Gott, segne mir den Mond
hoch über mir.

Gott, segne mir die Erde
hier unter mir.

Gott, segne mir Frau und Kinder
und segne mich selber, Gott,
mich, bei dem sie wohnen.

Gott, segne mir Frau und Kinder
und segne mich selber, Gott,
mich, bei dem sie wohnen.

Gott, segne mir alles,
worauf mein Blick ruht.

Gott, segne mir das,
worauf meine Hoffnung baut.

Gott, segne mir Verstand und Willen;
segne sie mir, o Gott,
du Gott des Lebens.

Gott, segne mir Verstand und Willen;
segne sie mir, o Gott,
du Gott des Lebens.

Ermutigung

Mögest du immer Arbeit haben,
für deine Hände etwas zu tun.
Immer Geld in der Tasche,
eine Münze oder auch zwei.
Immer möge das Sonnenlicht
auf deinem Fenstersims schimmern
und die Gewißheit in deinem Herzen,
daß ein Regenbogen dem Regen folgt.
Die gute Hand eines Freundes
möge immer dir nahe sein,
und Gott möge dir dein Herz erfüllen
und dich mit Freude ermuntern.

Segnen und danken

Ich entdeckte beim Übersetzen dieser irischen Texte, daß »segnen« im Englischen eine Doppelbedeutung hat. Das brachte mich darauf, daß es im Lateinischen ebenso ist, auch im Hebräischen fand ich diese Doppelbedeutung wieder: in all diesen Sprachen haben »segnen« und »danken« das gleiche Wort.

Wo von Gott Gutes ausgeht und zu mir kommt, manchmal auch da, wo es von einem Menschen zum anderen geht, da wird es »segnen« genannt – englisch »bless«. Wo Gutes von mir ausgeht und sich an Gott wendet, da meint es »danken«, »loben« und »preisen« – englisch »bless«.

Segnen und danken haben etwas miteinander zu tun.

Einen Menschen segnen, das kann der, der selbst Gott für sein Leben dankt.

Segen gibt dankbar von Gott empfangenes Leben weiter und gibt es dabei zugleich auch bittend Gott in die Hände zurück: Gott hat es gegeben, Gott möge es weiter geben, Gott wird es endlich wieder zu sich nehmen, weil es ihm gehört und weil er es mag, weil es ein Segen ist.

Neujahrssegen

Den neuen Tag, Gott, segne mir –
so neu, noch nie gewesen!
Voll Dank für deine Gegenwart
sei die Zeit, die du mir gegeben.

Meine Augen segne mir, o Gott,
daß sie loben, was immer sie sehen:
meinen Nachbarn, ich will ihn segnen,
und mein Nachbar segne mich.

Ein aufgeräumtes Herz gib mir,
hab' auch du mich immer im Auge.
Mach' Frau und Kinder zum Segen für mich
und meinen Hof mit all seinem Leben.

Segnen und behüten

Man sagt, in Irland kenne jede Familie – wie sonst kaum in einem Land auf der Welt – das Auswandern und Abschiednehmen seit Jahrhunderten.
Immer wieder also Abschiedsworte und mitgehende Gedanken; daher vielleicht diese vielen Segenswünsche aus Irland, unter denen so viele Reisesegen sind.

Denen, die Abschied nehmen, wird deutlich, daß wir unseren Weg nicht alleine machen. Mit dem »mach's man gut« ist längst nicht alles gesagt. Da geht einer fort, mit dem habe ich gelebt: Er hat manches für mich getan und bedeutet – und ich für ihn. Wie wird er nun allein weitergehen – und wie ich ohne ihn?

Wer wirklich Abschied nehmen muß, der spürt, daß er gern weiter bei dem anderen wäre, wie bisher.
Und daß er es doch nicht kann. Deshalb sprechen die alten Reisesegen alles an, was ihn nun statt meiner umgeben wird: den Weg, den Wind, die Sonne, sogar das Kissen, auf dem er ruht – sie alle sollen ihn freundlich umgeben, so wie ich es gern täte.
Und wenn ich ihn zum Abschied segne?

Segnen kann nur einer, der vorher ein Stück seines Lebens mit dem anderen geteilt hat, es an ihn weitergegeben hat –
als eine Gabe Gottes für diesen Menschen.
Und der Segen sagt ihm: Das kann Gott dir überall geben, auch ohne mich, achte darauf!

Reisesegen

Möge dein Weg dir freundlich entgegenkommen,
Wind dir den Rücken stärken, Sonnenschein
deinem Gesicht viel Glanz und Wärme geben.
Der Regen möge deine Felder tränken,
und bis wir beide, du und ich, uns wiedersehen,
halte Gott schützend dich in seiner hohlen Hand.

Gott möge bei dir auf deinem Kissen ruhen,
dich schützend in seiner hohlen Hand halten.
Deine Wege mögen dich aufwärts führen,
freundliches Wetter begleite dir deinen Schritt.
Wind stärke dir deinen Rücken –
und mögest du längst im Himmel sein,
wenn der Teufel bemerkt, daß du fort bist.

Vor einer Pilgerfahrt

Dies Lied sang ein Pilger, wenn er seine Pilgerfahrt begann. Seine Familie, die Freunde begleiteten den Reisenden, wenn er es sang und aufbrach – zu einer Reise, von der die Pilger allzuoft, aus den verschiedensten Gründen, niemals zurückkehrten.

Meine Worte seien voller Leben,
in allem, was ich sage, sei Sinn,
Kirchblütenschmelz auf den Lippen,
bis ich wieder bei euch bin.

Die Liebe, die Christus kann geben,
öffne alle Herzen für mich.
Die Liebe, die Christus kann geben,
öffne mich für jeden und dich.

Wenn ich Flüsse und Wälder durchquere
und Täler, lang und wild,
die schön-weiße Maria sei mir Stütze,
der Hirte Jesus mein Schild.
Die schön-weiße Maria sei mir Stütze,
der Hirte Jesus mein Schild.

Gastfreundschaft

Ich traf gestern einen Fremden,
setzte ihm Essen vor,
füllte den Becher zum Trinken,
spielte Musik für sein Ohr.

Und der Fremde, im Namen Gottes,
der der Dreieinige ist,
gab meinem Haus seinen Segen,
meinen Lieben und auch meinem Vieh.

Und über dem Dach die Lerche,
sie jubelt: oft, oft und oft
geht in der Bitte des Fremden
Christus durch unseren Ort –
geht in der Bitte des Fremden
Christus durch unseren Ort.

Segen ist Musik

Die Überraschung an diesem Spruch war für mich die Musik: Essen und Trinken für einen Fremden, ja – aber nun auch noch »Musik für sein Ohr«!
Da wird also aus der Pflicht der Gastfreiheit die Freude am Gast.
Aus dem Gast wird der Freund, Not erfährt nicht nur Hilfe, sondern Freundschaft und menschliche Nähe.

Der Fremde braucht immer mehr als Essen und Trinken, gerade er lebt nicht vom Brot allein.
Fremdheit kann schnell Verlassenheit werden. Der Fremde ist der Unbekannte, erweckt Scheu: Er könnte bedrohlich sein, zumindestens störend – und das spürt er auch selbst.

Dieser Mensch hier erlebt es nun offenbar anders. Und segnend gibt er das empfangene Leben als eine Gabe Gottes wieder zurück.
Sie ist Gottes Sache, diese Nähe zum Fremden – und als Gottes Sache wird sie »Musik für sein Ohr«, egal, ob ich die nun mit Instrumenten oder mit meiner Stimme mache oder ob der Gast einfach in meinem Wesen diese Musik spürt: die Harmonie, bei der einer Interesse am anderen hat, auch am Fremden, dessen Tonlage ich erst herausfinden muß.

Und dann die andere Überraschung in diesem Spruch: die Lerche! Es kann auch der Glanz der Sonne sein oder die plötzliche Freude, die mich dann anders durch den Tag gehen lassen, nachdem mir ein Stück Nähe geglückt ist:
»Oft, oft und oft geht in der Bitte des Fremden Christus durch unseren Ort!«

Gerade nicht im Gewohnten und Vertrauten, sondern in dem, was noch fremd und ungewohnt ist – oft, oft und oft.

Segen des Leides?

Es ist nicht einfach, davon zu reden. Ich denke an Hiobs Freunde – und an den leidenden Hiob, der all ihre Lebensweisheiten nicht ertrug, wie sie einen Sinn im Leid behaupteten oder suchten.
Ich möchte nicht solch ein Freund Hiobs sein.
Und doch gibt es die Erfahrung, daß einer durch Leid reicher geworden ist, sein Leben an Tiefe und Fülle gewinnt. Seltsam genug – aber es ist so. Einer meiner irischen Segenswünsche, ein alter Weihnachtssegen, spricht das als Wunsch aus.

Um an solcher Erfahrung teilnehmen zu können, scheint eins nötig zu sein: Gemeinschaft, durch die Leben entfaltet wird – ein wahrer Freund. Nichts macht so einsam wie das Leid. Den Bekümmerten meidet man – aus Hilflosigkeit, aus Angst vor eigener Belastung, auch aus Härte: leidende Menschen sind störend im glatten Ablauf der eigenen Tage. Und dann ein wahrer Freund! Einer, der hinzusehen wagt und mir hilft, selbst hinzusehen; einer, der fragt und hört und wieder fragt – und der auch schweigt, vielleicht ratlos, aber mir zugewandt.
Solch ein Freund ist ein Segen. Durch ihn kann mein Leiden zum Segen werden. Denn jetzt kommt bei mir zum Leben, was im Schmerz erstarrt war und dumpf. Kommt vielleicht schmerzhaft zum Leben, aber nun kann Erfahrung daraus entstehen: Loslassen dessen, was mir genommen wurde oder was ich in mir verloren habe; tastende Versuche mit Neuem, das in mir geboren werden soll; neues Wahrnehmen von dem, was mich schon lange trug als gute Erfahrung in meinem Leben; und eine Ahnung, daß ich durch all dies fähiger werde, vielleicht »die Herzen jener froh zu machen«, die ich liebe, anderen Menschen selbst mehr und mehr ein wahrer Freund zu werden.
Unmerklich gehen in diesem irischen Weihnachtssegen die Zuwendung des Freundes, das Lächeln der Maria, die rettendes Leben gebiert und das Lächeln des menschgeword'nen Gottessohnes ineinander. Jeder ergänzt die anderen in der Erfahrung, daß auch Leiden gesegnet werden kann als weitergegebenes Leben.

Irischer Weihnachtsgruß

Nicht daß von jedem Leid verschont du mögest bleiben,
noch daß dein künft'ger Weg stets Rosen für dich trage
und keine bitt're Träne über deine Wangen komme
und niemals du den Schmerz erfahren sollst –
dies alles, nein, das wünsche ich dir nicht.

Denn: kann das Herz in Tränen nicht geläutert,
kann's nicht im Leid geadelt werden –
wenn nämlich Schmerz und Not
dich aufnimmt in die Gemeinschaft mit Maria und dem Kind,
so daß ihr Lächeln Zuversicht und Trost gewährt?

Mein Wunsch für dich ist vielmehr dieser:
daß dankbar du und allezeit bewahrst in deinem Herzen
die kostbare Erinnerung der guten Ding' in deinem Leben;

daß mutig stehst du in deiner Prüfung,
wenn hart das Kreuz auf deinen Schultern liegt
und wenn der Gipfel, den es zu ersteigen gilt,
schier unerreichbar scheint,
ja selbst das Licht der Hoffnung zu entschwinden droht;

daß jede Gottesgabe in dir wachse
und mit den Jahren sie dir helfe,
die Herzen jener froh zu machen, die du liebst;

daß immer einen wahren Freund du hast, der Freundschaft wert,
der dir Vertrauen gibt, wenn dir's an Licht gebricht und Kraft;
daß du dank ihm den Stürmen standhältst
und so die Höhen doch erreichst –

und daß in Freud' und Leid das Lächeln voller Huld
des menschgeword'nen Gottessohnes mit dir sei
und du allzeit so innig ihm verbunden,
wie er's für dich ersehnt.

IV. FLUCH UND SEGEN

Segen und Fluch?

Glaube und Unglaube wachsen aus derselben Wurzel – auch Segen und Fluch.
Beide kommen aus der Erfahrung, daß die Welt noch nicht fertig ist, daß sie wird, sich wandelt, unberechenbar und unvollkommen und oft auch verkehrt.

Der Glaube entdeckt das Versprechen darin, Wachstum, Vergebung und neuen Beginn, das Experiment des Lebens – und er liebt dies unvollkommene Leben und diese widersprüchliche Welt und sich selbst mit all seinem Licht und Schatten, liebt das alles auf Hoffnung und spürt so Gott auf zwischen sich und allen Dingen.

Der Unglaube nimmt die gleichen Erfahrungen wahr – als Beweis gegen Gott. Er liebt dieses unvollkommene Leben, diese widersprüchliche Welt und sich selbst mit seinem Licht und Schatten, und liebt . . . – nein, denn solange er liebt, ist auch noch die Hoffnung in ihm.
Doch dann, wenn er nicht mehr liebt,diese Welt und sich selber, wenn er die Hoffnung verliert zwischen sich und den Menschen und Dingen, da werden sie ihm, da wird er ihnen zum Fluch – und aus der Wurzel wachsen Verzweiflung, Haß und Zynismus.

Glaube und Unglaube wachsen aus derselben Wurzel. Und der Segen hebt die Bitterkeit und den Haß nicht einfach auf, sondern steht gegen den Fluch und bleibt die andere Seite derselben Wirklichkeit: Wer zum Segen wird, kann auch zum Fluch werden.

Schutz gegen den Fluch

Du, voller Treue, Gott,
o liebender Gott voller Gnaden,
zeichne mich gegen alle Flüche,
zeichne mich gegen allen Zauber,
du Gott des Lebens voll Mitgefühl.

Verzeihung schenke du mir
bei meinen mutwilligen Reden,
bei meinen falschen Schwüren,
bei meinen dummen Taten,
bei meinem leeren Geschwätz.

Wie du im Anfang warst,
als meine Wege begannen,
so sei du auch wieder
am Ende meines Wegs.

Wie du bei mir warst,
als sich meine Seele formte,
sei du, Vater, auch
für meinen Weg das Ziel.

Sei bei mir zu aller Zeit,
ob ich liege oder stehe,
sei bei mir im Schlaf,
mit denen, die mir lieb.

Gegen den Bösen Blick

Mrs. Spain, unsere Gastgeberin, stieg in ihren alten Wagen, schloß die Tür, schlug ein Kreuz, murmelte: »In the name of God« und fuhr los. Ich fragte sie, warum sie das tue.
»Man muß alles segnen«, antwortete sie. »Wenn ich bei meinem Nachbarn in den Stall gehe, segne ich ihm sein Vieh. Ich segne das Gemüse in seinem Garten, wenn ich vorbeikomme, ich segne seine Frau und seine Kinder im Haus. Wenn man über eine Weide geht, sagt man ›God bless you‹. Wenn man sich auf den Weg macht, sagt man ›In the name of Good‹.«
Und halb murmelnd fügte sie nach einer Pause hinzu: »Das ist gegen den Bösen Blick!«

»Schade«, schoß es mir durch den Kopf, »also alles Aberglaube, die ganzen Segenswünsche nichts als magische Beschwörungsformeln!« Oder doch mehr als das? Warum sind diese Segenswünsche so schön, so voll von Leben, von Liebe zum Leben? Und ist das eigentlich so verkehrt mit dem Bösen Blick?
Es leuchtet mir doch auch ein, daß ich mit dem guten Blick segnen kann! Wenn der Segen zwischen mir und den Dingen ist, in meiner Art, mit ihnen zu sein, zum Segen – kann ich dann nicht wirklich auch mit ihnen sein zum Fluch?

Also auch hier: die Wirklichkeit ist mehr als die Dinge – sie ist dazu all das, was zwischen den Dingen und Menschen, was zwischen Menschen und Menschen ist.

Ich weiß nicht, in welcher Absicht der Fremde mein Haus betritt, mit welchen Gedanken der Nachbar mein Anwesen betrachtet, wozu es ihn verleitet oder inspiriert. Es ist nicht gleichgültig, ob es sein gutes oder sein böses Auge ist, das darauf ruht.
Und dann kommt er und segnet mein Haus, meine Familie, mein Vieh. Er erinnert mich und sich selbst an den Segen darin, an die gute Art, all dies zu empfangen oder etwas davon zu geben.
Das ist gut gegen den Bösen Blick, wirklich.

Dazwischen

Gottes Auge zwischen mir und jedem Blick.
Gottes Wille zwischen mir und jeder Absicht.
Gottes Hand zwischen mir und jeder Hand.
Gottes Schutz zwischen mir und jedem Schutz.
Gottes Verlangen zwischen mir und jedem Verlangen.
Gottes Zügel zwischen mir und jedem Zügel.
Dann kann kein Mund mich verfluchen.

Der Schmerz zwischen mir und jedem Schmerz.
Die Liebe Christi zwischen mir und jeder Liebe.
Die Kostbarkeit Christi zwischen mir
und aller Kostbarkeit.
Die Freundlichkeit Christi zwischen mir
und aller Freundlichkeit.
Die Wünsche Christi zwischen mir und allen Wünschen.
Der Wille Christi zwischen mir und jedem Willen.
Dann kann kein Gift mich verwunden.

Die Dinge besprechen

Wir nennen das Aberglauben – aber was alles haben wir zugleich mit ihm verbannt, als unsere Vorfahren solche geheimnisvollen Gewohnheiten in den Aberglauben verbannten?
Wie gingen diese keltischen Christen mit ihrem Getreide um! Die Winde dürfen es worfeln und jedes hat seine eigene Art: Den Roggen drosch man so, daß der sanfte Novemberwind oder Dezemberwind das Korn von der Spreu scheiden konnte, den Hafer so, daß die kalten Januar- oder Februarwinde es durften, und die Gerste erst, wenn die scharfen

März- und Aprilwinde wehten. Und alle diese Vorbereitungen dienten dazu, der Natur im Frühjahr zu helfen.

Das Zusammenspiel der Naturkräfte macht das Leben erst aus. Die eine kann gut zur anderen sein, sie helfen einander zum Leben. Und der Mensch spürt die Mitverantwortung dafür, daß solche Hilfe geschieht. Drei Tage vor der Aussaat wird das Saatgut mit klarem Wasser besprengt, wobei man dem Gang der Sonne nach um das Getreide herumgeht. Die Zeremonie war malerisch und wurde mit großer Sorgfalt durchgeführt.
Der ganze Rhythmus des Jahres, von der Aussaat bis zur Ernte, wurde dabei erinnert und mit segnenden Worten vorweggenommen – dem Gang der Sonne folgend und dem Gang dieses Segens umging der Bauer sein Korn und wickelte es in seine Zuwendung ein.

Was ging verloren, als Ausssaat und Ernte zu bloßen technischen Vorgängen wurden?! Und das, was blieb – ist das wirklich genug? Mag auch ein Stück Magie in diesen christlich-heidnischen Bräuchen der Kelten stecken, im Kern sind sie wahrscheinlich viel näher an der Wirklichkeit als unsere scheinbar so realistische Art:
Die Wirklichkeit ist mehr als die Dinge.

Der Landwirt ist nicht nur Maschinist und Agraringenieur. Ist er nur das, dann droht der Natur der Verschleiß – und ist die Maschine kaputt, stehen wir sprachlos daneben.

Und wir könnten doch dem Leben entsprechen, wie Gott es geschaffen hat:
könnten mit der Sprache unseres Herzens der Natur antworten, ihr zureden, alle Versprechen wiederholen, sie zurückholen, die in zahllosen Farben, Tönen, Bewegungen Gottes vielstimmige Verheißung sind, untrennbar miteinander verbunden: der Schöpfer, der Bruder und der Heilige Geist.

Die Saat segnen

Ich mache mich auf, die Saat auszusä'n
in ihres Schöpfers Namen.
Ich werde dem Wind entgegengeh'n
und volle Hände auswerfen.
Wenn ein Korn auf die Felsen fällt,
hat es keinen Boden zum Wachsen.
Soviel, wie auf die Erde kommt,
wird mir der Tau vermehren.

Der Freitag ist für die Aussaat geschickt.
Der Tau kommt herab, zu begrüßen
alle Saat, die den langen Winter schlief,
seit der Frost kam ohne Erbarmen.
Alle Saat bildet Wurzeln im Erdreich aus,
wie der Herr der Elemente es wollte.
Der Tau lockt die frischen Keime hervor,
sanfter Wind wird ihnen Leben einhauchen.

Ich umschreite die Saat mit meinem Schritt,
folg' dabei dem Gang der Sonne
im Namen Ariels und seiner Engel, der neun,
in Gabriels und der guten Apostel Namen.
Vater, Sohn und Heiliger Geist
geben jedem Gewächs meines Feldes
Gedeihen und wohlschmeckende Frucht,
bis die Tage der Freude kommen.

St. Michaels Tag, gesegneter Tag,
da werd' ich die Sichel legen
an die Wurzeln des Korns, so bin ich's gewohnt,
und den ersten Schlag schnell aufheben.
Und ich drehe ihn dreimal um meinen Kopf
und spreche dabei meinen Segen,

meinen Rücken gegen den Wind von Nord,
mein Gesicht der Sonne entgegen.

Ich werfe die Handvoll weit von mir fort,
ich schließe zweimal die Augen:
Fällt es dort nieder in einem Bund,
werden die Scheunen sich füllen und dauern.
Kein Carlin wird kommen mit schlechter Zeit,
ein Stück Haferbrot von uns erbitten.
Und kommt rauher Sturm mit grimmigem Blick,
kann kein Mangel und Härte uns treffen.

Der Angst einen Namen geben

Von »namenloser Angst« reden wir in unserer Sprache: Sie ist da, doch sie hat kein Gesicht; ungreifbar, unbegreiflich, oft uns ganz unbewußt. Und namenlos wird sie übermächtig, erdrückt uns und lähmt.
Der Angst ein Gesicht geben, damit man ihr ins Gesicht sehen kann, sich zu ihr verhalten kann, so daß sie ihr Maß bekommt – ist das wirklich so schlecht?

Die keltischen Christen hatten Namen für ihre Angst: Sie nannten sie Geister und Gnomen – und Feen das, was zugleich verlockt und erschreckt. Ist das Aberglaube – oder vielmehr ein Glaube, der hinsieht? Der das sieht, was Angst macht, es bei sich wohnen läßt und es nicht verdrängt?

Der Angst ein Gesicht geben, ist das wirklich so schlecht?

Man entdeckt dann, daß man die Geister bannen kann durch einen freundlichen Blick, durch ein Gebet, einen Segen – durch den Blick und die Besinnung auf eine andere Wirklichkeit, die einen umgibt mit Zuneigung, Segen und Kraft.
Segnen, nicht fluchen – und das Gesicht, das die Angst hat, wird kleiner, vielleicht boshaft und klein, listig und giftig, aber es ist nicht mehr die maßlose Angst.
Und manchmal vielleicht, überraschend, sogar ein listiger Freund...

Und beides zusammen, das, was mir Angst macht, und das, was mich beschützt und belebt, anzusehen als eine Welt, meine Welt, Gottes Welt, in der ich zusammen mit allem lebe.

Behütet ruhen

Streitbarer Michael,
Michael, der die Feinde verwundet,
schütze mich diese Nacht
vor dem Neid der Übelgesinnten,
dem Neid der Übelgesinnten.

Brigit, Schutz der Kuhherden,
Du, Brigit der Schutzmäntel,
schütze mich vor dem Bann
der Feen in den Hügeln,
der Feen in den Hügeln.

Maria voller Sanftheit,
Du, Maria voller Zierde,
unterstütze und schütze mich
mit deinem leinenen Mantel,
mit deinem leinenen Mantel.

Christus der Bäume,
Du, Christus vom Kreuz,
reiß mich fort von den Schlingen,
den boshaften Schlingen des Bösen,
den boshaften Schlingen des Bösen.

Vater der Waisen,
Du, Vater der Nackten,
rette mich in die Schutzhütte
zum Retter der Armen,
zum Retter der Armen.

V. GLAUBE – HEFTIG UND ZART

Wo Glaube und Unglaube dicht beieinander wohnen

Sie müssen ja dicht beieinander wohnen, weil sie beide gleichen Ursprungs sind: Beide verlassen die gängige Oberfläche der angeblichen Normalität –
der Glaube, weil er hinter dieser Normalität ein Versprechen spürt, daß das Leben in seinem Grund viel mehr ist, in seiner Sehnsucht viel weiter geht als das, was in seinen vordergründigen Gewohnheiten steckt. Unvernünftig läßt der Glaube sich auf einen Seilakt des Lebens ein, läßt sich auch auf die Abgründe unter der Oberfläche ein und sieht angesichts dieser Abgründe mit festem Blick auf das schmale Seil zu seinem Ziel, das weit vorn liegt, ihn aber jetzt schon trägt.
Unvernünftig glaubt er den Abgründen von Leid, Härte und Sinnlosigkeit nicht, daß sie die ganze und letzte Wahrheit sind – und muß gerade deswegen so viel und immer schmerzhafter in sie hineinsehen und auf dem Seil über sie hintanzen.

Oder: plötzlich starrt er in den Abgrund – und fällt. Und Verzweiflung oder Bitterkeit, Spott oder fatalistischer Humor werden zu seiner Sprache.

Glaube und Unglaube wohnen so dicht beieinander, daß kein wirklich Glaubender ohne die Sprache der Verzweiflung und des Fatalismus auskommen wird. Die unvernünftige Leidenschaft des Propheten Jeremia im Alten Testament, die unvernünftige Leidenschaft des Hiob für Gott – sie können Vater und Mutter verfluchen, gießen bitteren Spott über ihre Freunde mit den vernünftigen Reden aus, empören sich über Gott und gehen ihm ans Zeug mit ihren Vorwürfen.

An sie erinnert manches in der Lebensart der Iren, wenn sie von ihrer Freundlichkeit plötzlich überwechseln in bitteren Zorn und wenn man von ihnen sagt, trotz ihrer Frömmigkeit ließen sie keine Gelegenheit zum Streit aus.

An sie erinnert die Sprache der Iren, selbst noch in der alltäglichen Unterhaltung, wenn sie die Wortspiele liebt, sich an dem Hintersinn der Worte freut und durch plötzliche Wendungen verblüfft und in eine Falle lockt.

»Die Sprache deiner Gebete, deiner Flüche und Liebeserklärungen« hat sie einer genannt. Sie ist oft ein akrobatischer Akt auf dem Seil, kunstvoll mit dem Sinn balancierend – und ganz sicher bist du nie, ob der Sinn dahinter schon den Absturz in den Fatalismus andeutet oder ob nicht hinter dem Fatalismus schon wieder ein ganz tiefer Glaube spricht.

Unvernünftiges Christentum

Fromme Frauen, fromme Mädchen und fromme Kinder werden auch in den vernünftigsten Ländern geduldet und mit Nachsicht als eine Dekoration angesehen;
fromme Männer – das scheint gleichbedeutend mit Heuchlern zu sein. In einem Land, wo auch die Unvernunft männlich ist, sind fromme Männer nicht unbedingt Heuchler. Die irische Kirche ist immer eine Mönchs-, eine Männer-, eine Väterkirche gewesen. Dem Christlichen, das von Rom ausging, hat Irland sich gebeugt, dem Weltlich-Vernünftigen nie.

Das Unvernünftige am Christentum hat den Iren immer mehr eingeleuchtet als alle vernünftigen Versionen, die auf einen Kompromiß hinausliefen.
Männliche Frömmigkeit ist der Vernunft so unverständlich wie die Milde Christi der sündigen Samariterin gegenüber, die nach dem lebendigen Wasser verlangte, dem Wasser des Jordan, dem Wasser der Heilung, dem Wasser der Taufe – nur der Glaube macht es zu mehr als gewöhnlichem Brunnenwasser.

Wo der Glaube so groß ist, ist der Unglaube nicht kleiner. Irland hat große Gläubige hervorgebracht und große Ungläubige, deren Unglaube so maßlos war wie der Glaube der Gläubigen –
und so unvernünftig, daß er den mitteleuropäischen Skeptikern übertrieben erschien.
Wo Übertreibung Lebensgesetz ist, wohnen inniges Kindergebet, fromme Männer und tiefe Verzweiflung nahe nebeneinander.

Heinrich Böll

Irische Redensarten

Als Gott die Zeit machte,
hat er genug davon gemacht!

Voller Menschen liegen die Friedhöfe,
ohne die die Welt nicht leben konnte.

Möge dein Dach nie einfallen
und mögen die, die darunter wohnen, nie herausfallen.

In der Jugend haben wir unsere Plagen noch vor uns;
im Alter lassen wir Vergnügen hinter uns.

Junge Leute wissen nicht, was Alter ist;
alte Leute vergessen, was Jugend war.

Möge der Herr dich in seiner Hand halten,
aber nie seine Faust zu fest zumachen.

Sieh nicht alles, was du siehst
und hör nicht alles, was du hörst.

28 P. CULLEN 28
LICENSED TO SELL BEER SPIRITS WINE E TOBACCO

Bier für die Männer des Himmels

In seinem Beitrag »Irland und seine Kinder« im Merianheft über die grüne Insel zitiert Heinrich Böll offenbar ein altes irisches Gedicht mit der Vorbemerkung: »Wo kein Wein wächst, importierter Wein seine Blume verliert, die Aufklärung kein Publikum fand, dürfen die Heiligen sich Christus als Biertrinker vorstellen«:

»Ich möchte die Männer des Himmels
bei mir zu Gast haben
und große Fässer voll Fröhlichkeit
ihnen kredenzen

Sie sollen lustig sein beim Trinken,
auch Jesus soll mit ihnen
bei mir zu Gast sein.

Einen großen See voll Bier
will ich bereit haben für den König der Könige.
Ich möchte die Heilige Familie
trinken sehen in alle Ewigkeit.«

Streit um die Bibel

Immer wieder geht mir dieser Krieg um eine Bibelabschrift durch den Kopf, die Folge eines Streites zwischen zwei später heilig gesprochenen Mönchen: St. Columban und St. Finnian, im 5. Jahrhundert.
Columban schrieb diesen Psaltertext in der Kapelle Finnians heimlich ab – und der Besitz von Worten war für die Kelten der Besitz besonderer Macht! Der eine wußte etwas, was der andere nicht wußte – und obwohl es Worte ihres gemeinsamen Glaubens waren, entbrannte darüber ihr Streit.
Sie einigten sich darauf, die Sache vor den König zu bringen. Als aber der König gegen St. Columban entschied, verfluchte der ihn, verließ im Zorn den Richtplatz – und der König rüstete zum Krieg gegen Columban's Sippe.
In der Schlacht bei Dul Dremhne meinte Columban einen Engel vor seinen Leuten herziehen zu sehen in Gestalt eines riesigen Kriegers – er besiegte den König und 3000 Krieger fielen in diesem Kampf um ein heiliges Buch. So erzählt die Legende.

Doch dann kommt das schreckliche Erwachen: St. Columban bereut seine Tat, zieht sich büßend in die Einsamkeit der irischen Nordwestküste zurück, nach Glencolumcille, in diesen rauhen Winkel Donegals hinter den Klippen von Slieve League. Aus der Reue entsteht der Entschluß, aus der Heimat zu emigrieren – das ist nicht nur der Beginn der Missionierung Schottlands, sondern der ganzen iroschottischen Missions- und Reformationsbewegung in Nordeuropa.

Ein einfacher Glaube ist das nicht. Ein Glaube voller Spannungen und Widersprüche ist es, der oft vor Eifer gar nicht mehr merkt, was da in seinem leidenschaftlichen Bemühen geschieht. Und da kann viel passieren, ist immer wieder viel Unbegreifliches geschehen – alles für das Wort Gottes und für die Wahrheit oder einfach aus der Impulsivität des Lebens heraus! Es geschieht – und die Beteiligten kommen gar nicht auf die Idee, es könnte ein Widerspruch zu eben diesem Glauben sein.

Doch ein Glaube, der sich leidenschaftlich ins Leben verwickelt, weil er das widersprüchliche, abgründige Leben meint, das Leben dieser Erde, dieser Glaube kann nicht ohne Zorn und Eifer sein. Darum muß seine Buße dann auch wie die Columbans sein: nicht Rückzug aus dieser Welt, sondern Askese als Weg in dieses Leben hinein.

Zeit zur Abendandacht

Eben stürzt die Wirtin eines Speiselokals hinter einem Jungen her, der sich für zwanzig Pfennig Kartoffelchips gekauft und ihrer Meinung nach sich zu viel Essig aus der Flasche, die er vom Tisch nahm, daraufgekippt hat.
»Du Hund, willst du mich ruinieren?«
Wird er ihr die Chips ins Gesicht schmeißen? Nein – er findet keine Antwort, nur sein keuchender Kinderbrustkorb antwortet: Pfeifentöne, die ziehend aus der schwachen Orgel seiner Lunge kommen...

Noch ist der Streit um die sechs Tropfen Essig nicht beendet, drohend die Hand der Wirtin erhoben, ziehende Pfeifentöne kommen aus der Brust des Jungen. Gleichgültige schleichen vorüber, Trunkene torkeln, Kinder mit Gebetbüchern laufen, um pünktlich in die Abendandacht zu kommen.
Aber der Retter nahte schon: groß war er, dick, schwammig, seine Nase hatte wohl geblutet, dunkle Flecken bedeckten sein Gesicht um Mund und Nase herum; auch er war schon von der Sicherheitsnadel auf die Kordel gekommen: für seine Schuhe hatte es nicht mehr gelangt, sie klafften. Er nahte sich der Wirtin, verbeugte sich vor ihr, deutete einen Handkuß an, zog einen Zehnschillingschein aus der Tasche, überreichte ihn – erschrocken nahm sie ihn – und er sagte höflich:
»Darf ich Sie bitten, gnädige Frau, diese zehn Schilling als Bezahlung für sechs Tropfen Essig als angemessen zu betrachten?«
Schweigen in der Dunkelheit hinter King John's Castle, dann der Blutbefleckte plötzlich mit leiserer Stimme:
»Darf ich Sie außerdem darauf aufmerksam machen, daß es Zeit ist für die Abendandacht? Richten Sie bitte dem Pfarrer meine respektvollen Grüße aus.«
Er schwankte weiter, erschrocken lief der Junge davon, und die Wirtin war allein. Plötzlich rannen ihr Tränen übers Gesicht, und sie lief schreiend ins Haus zurück, ihre Schreie waren noch zu hören, als die Tür hinter ihr schon geschlossen war.

Heinrich Böll

Erinnerung an glückliche Tage

Wie wir uns an uns selbst freuten damals in der lange vergangenen Zeit – die Alten ebenso wie die Jungen! Ich habe oft drei und manchmal sogar vier Generationen zusammen tanzen sehen auf dem grünen Rasen. Männer und Frauen von achtzig und mehr Jahren tanzten mit fünf- oder sechsjährigen Jungen und Mädchen. Das waren glückliche Tage und Nächte und es gab weder Sünde noch Sorge für uns auf der Welt.
Der Gedanke an diese Kinderzeit macht mein altes Herz froh und traurig zugleich, sogar jetzt noch nach so langer Zeit!

Aber dann kam die Aufklärung über uns und zerstörte alles: machte aus unseren kleinen Bauernhöfen große Höfe für die Fremden, verkehrte unsere Freude in Elend, unsere Heiterkeit in Bitterkeit, unser Segnen in Fluchen und unseren Christenglauben in Hohn und Spott.
Ach, guter Mann, mir kommen die Tränen in die Augen, wenn ich an all das denke, was wir gelitten haben, und all die Sorgen, Härten und Unterdrückungen, die wir durchgemacht haben.

Alexander Carmichael

VI. ASKESE FÜR DIE SCHÖNHEIT DER ERDE

Askese für die Schönheit der Erde

Sicher, die irischen Mönche der ersten christlichen Jahrhunderte sind strenge Asketen gewesen. Inspiriert vom Mönchtum der orientalischen Wüsten, den Einsiedlern und Säulenheiligen, flohen sie in die Einsamkeit. Sogar eine Reformbewegung zurück zu größerer Entsagung ging von ihnen aus für das bequem gewordene Klosterwesen auf dem europäischen Kontinent.

Und doch muß etwas Neues in ihrer Askese gewesen sein: Aus dem Abtöten ihrer Bedürfnisse ging eine neue Erfahrung von der Schönheit der Erde hervor. Sie spürten nicht nur die schrecklichen Möglichkeiten menschlicher Leidenschaft und Gier, sondern auch seine Leidenschaft für das Schöne – der Mensch, zärtlich und gewalttätig zugleich. Seine Bedürfnisse sind eine Verführung zu zerstörendem Eigennutz und zugleich die Empfindsamkeit für ein verheißenes Leben in Fülle.

Im altirischen Recht galt die Verbannung als außergewöhnliche Strafe für ein schweres Vergehen: Verlust der heimatlichen Insel und der Sippenzugehörigkeit. Viele irische Mönche wählten diese Verbannung freiwillig – als Sühne für ihre verkehrte Art, Mensch zu sein. Aber die Kleininseln, auf denen sie dann ihre Verbannung als Einsiedler lebten, waren ihnen doch nicht nur »das Ende der Welt«.
Eine Insel war in der altirischen Religion ein heiliger Ort und auch die »andere Welt« stellten sie sich als eine ferne Insel vor. Der Heilige Brendan zog mit seinen Brüdern zur Seefahrt nach Westen aus, kam bis Island und vielleicht in den Norden Amerikas, weil er diese ferne Insel suchte, das Land der Verheißung, das Paradies. Im Traum sah er eine Insel von anziehender Lieblichkeit und es wurde ihm verheißen, sie zu finden und vierzig Tage lang auf ihr zu wohnen.

Diese Mönche verlegten in ihrer Askese die Neue Welt also nicht einfach ins Jenseits und werteten damit die jetzige Welt als verflucht und verloren ab. Sie erwarteten und suchten die Neue Welt für diese Erde, Gottes Schöpfung – wohl jenseits unserer jetzigen Wirklichkeit, aber als

ihre Zukunft und ihr Ziel. Und sie baten Gott, er möge sie diese Auferstehung in Irland erleben lassen.
Darum konnten sie die Vorboten dieser Neuen Welt auch in der jetzigen Schönheit der Erde entdecken, gerade durch Verzicht auf das Sammeln und Haben – Jesus darin sehr nahe, der im Verzicht auf das Sorgen die Lilien auf dem Feld und die Vögel des Himmels sah.

Ein Ort voller Schönheit

Dies Mahl, so schmal bemessen,
betend verzehrt ohne Gier,
keine Gefahr für eine Verfehlung
ist dieses Mahl mir.

Das Maß des trockenen Brotes,
zu dem ich mich dankend gebeugt,
Wasser aus heiterer Quelle
ist alles, was ich begehr'.

Herbe, dürftige Nahrung,
Aufmerksamkeit für ein Buch,
fern vom Streiten und Schwatzen –
mein Gewissen friedlich und leicht.

Gepriesen die Augen, die schauen,
wie die Heiligen voll Seele sind
mit ihren durchscheinenden Wangen,
ihrer hager verwitterten Haut.

Christus, der Sohn Gottes, sei mit mir,
mein Schöpfer und mein Herr,
den ich suche mit meinem Geiste
dort, wo seine Herrschaft ist.

Dieser Ort kann meine Seele beschützen,
heilige Mauern rings um mich her,
ein Ort voller Schönheit, gesegnet –
und ich ganz bei mir.

Meine Insel

Das täte ich gern:
umschlossen auf meiner Insel,
vom hohen Felsen herab
dem Meer nachsinnen,
so vielfältig bewegt.

Seine gewaltigen Wellen sehen,
aufleuchtend in strahlendem Glück,
voll Musik für Gott, ihren Vater,
ein unendliches Lied.

Und das blitzende Band des Strandes,
aller düsteren Schwermut fern.
Den herrlichen Schrei der Vögel,
ihren übermütigen Psalm.

Das Donnern der mächtigen Brandung,
die gegen die Felsen schlägt,
dieses Brüllen des Meeres,
diesen Aufschrei am Kirchhof dort.

Den Vogelschwärmen nachschauen,
schwingend weit über das Meer,
und die machtvollen Wale bestaunen,
Gottes wundersamstes Geschöpf.

Und mit Ebbe und Flut, ihrem Kommen und Gehn,
meinen Namen zurückkehren lassen
nach Irland – und meine geheimsten Gedanken,
die ich kaum zu flüstern versteh'.

Hier würde mein Herz sich öffnen,
ganz in das Schauen vertieft,
und ich könnte meine Sünden beweinen,
die so schwer zu erfassen sind.

Und meinen Schöpfer loben,
der alles lenkt,
die vollkommene Ordnung des Himmels,
die Erde, das Meer, jedes Ding –

über meinen Büchern sinnen
nach dem ,was der Seele nützt,
meinen geliebten Himmel bestaunend,
oder auch, wenn ich Psalmen sing' –

beim Sammeln von Seegras am Felsen
oder dann, wenn ich fischen geh',
den Armen das Essen austeile
oder allein in der Zelle bin –

Zeit, für Gottes Herrschaft zu beten
und für unser Heil!
Diese Arbeit, die gar nicht schwer ist,
die täte ich gern.

Blick in die Ferne

Sieh weit hinaus
dort nach Nordost,
das großartige Meer –
es wimmelt von Leben,
Element der Seehunde,
es glitzert und spielt
in der steigenden Flut.

Eine Hütte bei Gott

Ich habe im Wald eine Hütte,
niemand kennt sie –
nur Gott!

Eine Esche hier seitwärts,
ein Haselstrauch dort.
Auf dem Hügel der große Baum
breitet darüber sein Dach.

Zwei Heidebüsche als Pfosten,
ein Geißblatt über der Tür.
In den Hof schüttet der Wald seine Nüsse
und mästet mir mein Schwein.

Der Raum in meiner Hütte,
so klein, doch gar nicht gering –
ich kann mich darin bewegen
und alles ist mir vertraut.

Und oben von meinem Giebel
im schwarzen Federkleid
singt mir das Amselweibchen
ein melodisch geschwungenes Lied.

Der Schreiber im Wald

Der Wald, meine Mauer, umschließt mich,
süß füllt die Amsel mein Herz.
Über dem Buch, das ich schreibe,
hebt sich der Vögel Chor.

Hoch über ihnen allen
ruft der grauköpfige Kuckuck mir zu –
Gottes Versprechen.
Gott möge mich schützen,
den sorgsamen Schreiber im Wald.

Einsiedler

O du zufriedene Amsel!
Baust dir dein Nest, wo du willst.
Einsiedler, ganz ohne Glöckchen –
süß, weich, voller Frieden dein Lied.

Meine Gedanken

Welche Not, all meine Gedanken!
Sie laufen stets von mir fort.
Ich fürchte, großes Leid wird mich treffen
bei der Ernte am Jüngsten Tag.

Huschen aus dem Gesang meiner Psalmen
auf Wege, die ohne Glück.
Sie jagen, jauchzen und tanzen
direkt unter Gottes Blick.

Jagen durch Menschengewoge,
wo Mädchen kichernd steh'n,
durch Wälder und durch Städte,
schneller als Winde weh'n.

Sie wandern den Pfad der Tugend
manchmal – auch wenn keiner es glaubt.
Und dann wieder auf schlimmen Wegen,
auch da ist kein Zweifel erlaubt.

Sie starten mit bösen Schritten,
überqueren ohne Boot jedes Meer –
und hüpfen mit einem Sprunge
doch auch von mir himmelwärts.

Rennen, ohne sich zu besinnen
über Grenzen hinweg dort und hier –
und landen nach taktloser Reise
doch immer wieder bei mir.

Ich habe versucht, sie zu binden,
ihnen zu fesseln den leichten Fuß.
Sie wollen niemals zur Stille kommen,
sie wünschen sich keine Ruh'.

Der strafende Schlag meiner Peitsche
hemmt ihnen nicht ihren Flug.
Wie der wendige Schwanz eines Aales
entgleiten sie meinem Zug.

Kein Riegel, kein Gruftgewölbe,
weder Ketten noch festes Schloß,
noch Festung, noch Meer, nackter Kerker
verhindern den freien Fluß.

O Christus, reiner und edler Herr,
du kennst all meine Gedanken.
Dein Geist mit den sieben Gnaden
halte sie fest in Schranken.

O Schöpfer, du gerechter,
lenke du mir mein Herz,
daß ich deinen Segen empfange
in dem, was dein Wille ist.

O Christus, gib mir deine Liebe,
und mache uns eins, dich und mich.
Unendlicher, du
und nicht hinfällig, wie ich!

Gottes Macht halte mich aufrecht

Gottes Macht halte mich aufrecht,
Gottes Weisheit, die leite mich:
Gottes Auge schaue für mich,
Gottes Ohr höre für mich,
Gottes Wort spreche für mich,
Gottes Hand bewahre mich
gegen die Fallstricke des Bösen,
gegen die Versuchungen des Geistes, des Leibes,
gegen alle, die mir schaden wollen.